AF311917

DISCOURS

ALLOCUTIONS ET TOAST

PRONONCÉS

A L'OCCASION DU MARIAGE

DE

Mlle Valentine EIFFEL avec M. Camille PICCIONI

PARIS

MAISON QUANTIN

7, RUE SAINT-BENOIT

1890

DISCOURS

ALLOCUTIONS ET TOAST

PRONONCÉS

A L'OCCASION DU MARIAGE

DE

Mlle Valentine EIFFEL avec M. Camille PICCIONI

DISCOURS

ALLOCUTIONS ET TOAST

PRONONCÉS

À L'OCCASION DU MARIAGE

DE

Mᴸˡᵉ Valentine EIFFEL avec M. Camille PICCION

PARIS

MAISON QUANTIN

7, RUE SAINT-BENOIT

—

1890

DISCOURS

PRONONCÉ

Par M. Émile LEVEL

Maire du XVIIe Arrondissement

AU MARIAGE

DE

Mlle Valentine EIFFEL avec M. Camille PICCIONI

le 21 Janvier 1890.

MADEMOISELLE,

Avant de vous unir à votre fiancé, permettez-moi d'exprimer la satisfaction que j'éprouve à mettre au service de la fille de mon éminent camarade, M. Eiffel, mes fonctions de Maire de cet arrondissement dont il est un des plus illustres habitants, et de le remercier de m'avoir donné l'occasion de vous adresser mes plus chaleureux souhaits de bonheur.

Ce n'est pas ici le lieu de parler des beaux et grands travaux de votre père. Le monde entier les connaît. Les mille bouches de la Renommée ont porté jusqu'aux confins de la terre un nom désormais célèbre qui symbolise la victoire du travail, les conquêtes de l'intelligence sur la matière.

L'audacieux ingénieur n'a d'ailleurs pas besoin de nos éloges; les nombreuses distinctions honorifiques qui lui ont été justement prodiguées montrent en quelle estime le tiennent, à l'étranger, les chefs d'État qui se sont faits les interprètes des enthousiasmes populaires, et, dans son pays même, il a reçu le plus grand honneur qu'il pouvait ambitionner; ses pairs l'ont placé à leur tête en l'élevant au fauteuil de la présidence de la Société des Ingénieurs civils.

Son incomparable succès, dont vous avez le droit de vous enorgueillir, est la juste récompense de toute une vie de labeur, de volonté, d'opiniâtreté. Votre père le doit à sa foi robuste dans la réussite de l'œuvre qu'il a entreprise malgré les doutes de ceux-ci, les critiques de ceux-là, les sourires des uns, les clameurs intéressées des autres. Il le doit aussi, mademoiselle, au soutien moral que vous lui avez donné, vous, vos charmantes sœurs, votre digne tante, M. le docteur Hénocque et vos deux beaux-frères exceptionnellement bons, en lui faisant au foyer de famille la vie calme et douce.

Mais, si je n'ai pas à parler de ses gigantesques conceptions, comment me tairais-je sur celle de ses œuvres qu'il contemple en votre personne avec la joie, la fierté, mais aussi avec les émotions bien naturelles d'un père en une telle journée — œuvre pour laquelle il a rencontré une active collaboration dans la touchante union de toute votre famille ?

Bien jeune encore, il semble que ce soit hier, vous perdiez votre mère. Votre aïeule maternelle, que vous avez en ce moment près de vous, vivait au loin et ne pouvait surveiller votre enfance. Vous avez été confiée aux soins tendres et éclairés d'une grande sœur qui, sous l'égide de cette tante pleine de cœur et de dévouement qui vous a servi de mère et a été votre bon génie à tous, vous a faite ce que vous êtes.

Ah! monsieur, parmi les joyaux de votre riche famille, vous n'en trouverez pas de comparable à l'épouse qui sera l'ornement de votre demeure et vous apportera les joies de la jeunesse, de la douceur et de la beauté. Mais vous aurez à égaler la somme d'affection et de soins dont elle est entourée. Il y faudra toute la puissance de l'amour que vous inspire cette aimable jeune fille et beaucoup de cette constance, apanage de la vieille famille du Cap-Corse dont vous êtes issu, qui, depuis un siècle, s'est montrée tenace dans son attachement à la France. On n'a pas oublié le rôle qu'elle a joué dans le soulèvement populaire qui favorisa la réoccupation de la Corse par les Français en 1796.

Vous entrez d'ailleurs, monsieur, dans une maison toute dévouée elle-même à la France. Aux côtés du chef de famille qui a soutenu à l'étranger le bon renom de l'industrie française, vous trouverez, dans vos deux beaux-frères, un soldat qui défend sa patrie et un ingénieur qui la sert. Votre carrière ne le cède en rien à la leur. La diplomatie à laquelle vous appartenez n'a pas seulement pour mission de sauvegarder les intérêts français, elle doit encore, elle doit surtout faire aimer la France. C'est par là qu'à votre tour vous la défendrez et la servirez. La tâche vous sera facile, monsieur. Qui n'aimerait notre pays dans notre gracieuse compatriote? Vous ferez à notre chère patrie beaucoup d'amis. Mieux que personne, vous le pouvez et vous le devez, car votre foyer sera bien gardé! Il suffira à la femme, qui bientôt y régnera en souveraine, de regarder ses deux sœurs pour être l'épouse et la mère mo-dèle. L'exemple de son admirable tante et de son mari qui lui a noblement donné la liberté de se dévouer, lui dira comment on se consacre au bonheur des siens, comment on les protège, et celui de son père est bien fait pour apprendre aux enfants qu'elle vous donnera où conduisent l'intelligence, le travail et la persévérance au ser-vice d'une inébranlable volonté!

Je suis heureux, mademoiselle, je suis heu-reux, monsieur, de ne pas me borner à former des vœux pour votre commune félicité et de pouvoir y ajouter une sanction pratique en vous unissant par les liens du mariage, après vous avoir donné lecture des articles du Code civil sur le droit et les devoirs respectifs des époux que la loi m'ordonne de placer sous vos yeux.

ALLOCUTION

D E

M. EIFFEL

Au Dîner du 21 Janvier 1890

E me lève pour vous proposer, parents et amis qui êtes ici, de vous joindre à moi pour boire à la santé et au bonheur des jeunes époux.

Nous leur adressons tous nos vœux, et pour ma part le meilleur que je puisse former, c'est qu'ils soient aussi heureux que mes autres enfants, M. et Mme Salles, M. et Mme Le Grain.

Je me félicite tous les jours de ces deux

unions qui font le bonheur de mes deux filles et assurent le nôtre à tous.

Il en sera de même pour celui-ci. — La solidité de l'affection que vous, monsieur Piccioni, portez à ma fille, la sûreté de votre caractère et de vos principes, m'en sont un sûr garant et c'est un nouveau fils que je trouverai en vous.

Toi aussi, ma chère Valentine, tu as toujours été une fille aimante et dévouée, je suis heureux de t'en rendre le témoignage; tu seras de même une femme attachée à tes devoirs et dévouée à ton époux.

Ton excellente tante et ta sœur Claire ont remplacé auprès de toi la mère que tu as perdue et m'ont permis de remplir ma tâche de père sans que ton existence souffrît trop cruellement de cette perte inoubliable.

Tu peux comme moi leur en être profondément reconnaissante; car c'est grâce à elles que tu as pu passer ces années si heureuses de ta jeunesse dans la maison paternelle que tu vas quitter; tu retrouveras leur appui et leur tendresse ainsi que les amitiés très fidèles de ceux qui t'entourent aujourd'hui, dans la nouvelle vie qui s'ouvre devant toi, et qui, je l'espère, sera plus heureuse encore.

C'est dans cet espoir que nous nous unissons tous, et que, de tout cœur, nous levons notre verre à votre santé, à votre bonheur et à votre mutuelle tendresse.

TOAST

PRONONCÉ

Par M. A. SALLES

Au Dîner du 21 Janvier 1890

L'ABSENCE de notre bon oncle Hénocque me laisse, ma chère Valentine, la douce tâche de me faire le porte-paroles de ceux que tu as choisis pour être les témoins de ton mariage, et de proposer, en leur nom, aux parents, aux amis ici réunis de boire à la santé des deux nouveaux époux.

Tu te souviens, et ce jour me paraît d'hier, tant les jours faits de bonheur s'enfuient rapidement, tu te souviens qu'il y a cinq ans, demoiselle d'honneur, tu assistais dans cette même salle à un dîner comme celui-ci : ta sœur Claire était à ta place, et moi, près d'elle, comme Camille est près de toi, j'éprouvais les mêmes sentiments que, j'en suis sûr, il éprouve en ce moment. Comme vous, nous avions été mariés le matin à la mairie. Nous étions heureux, et pourtant, nous ne pouvions nous douter de toutes les félicités que nous allions rencontrer dans l'existence qui s'ouvrait devant nous.

Si j'avais des vœux à former, je ne saurais vous adresser d'autres souhaits que d'être ce que nous avons été et ce que nous sommes toujours. Mais je crois que c'est chose superflue. Au seuil de cette vie nouvelle, tout vous sourit: tout ce qui fait le bonheur sur cette terre se trouve réuni pour vous le rendre aussi complet que possible.

Toi, ma chère sœur, après avoir vécu de l'existence la plus charmante que puisse rêver une jeune fille, tu viens de te voir unie à celui que ton cœur a choisi, et tu trouveras en lui toutes les qualités qui sauront te le rendre plus cher chaque jour davantage.

Vous, mon cher beau-frère, à qui m'attache

une amitié de plusieurs années, vous avez rencontré, avec la plus délicieuse des femmes, une famille qui vous aime déjà tendrement, parce qu'elle sait apprécier tous les mérites qui vous distinguent : le sérieux de votre caractère, le brillant de votre esprit si cultivé, la tendresse que, depuis longtemps, vous avez vouée à celle qui est aujourd'hui votre épouse, l'affection que vous nous apportez à nous-mêmes.

C'est pourquoi ce jour est véritablement un jour de fête pour nous tous; et c'est joyeux et ravis que nous levons nos verres, pour boire à votre santé, ma chère Valentine, mon cher Camille, à votre bonheur assuré à tous deux.

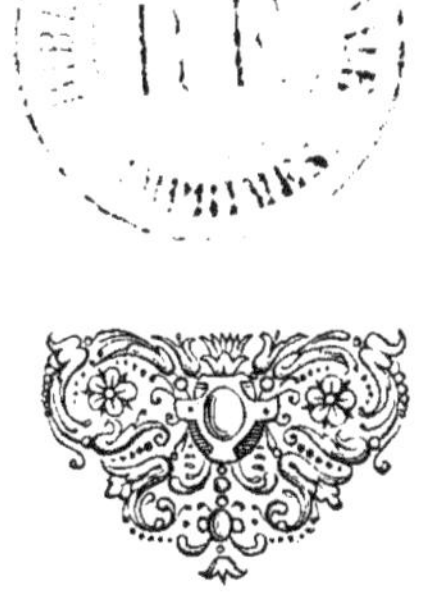

ALLOCUTION

Par M. Paul PICCIONI

Au Dîner du 23 Janvier 1890

VALENTINE, ET TOI, CAMILLE !

E n'ai rien préparé. En de si saintes occasions, j'estime que le cœur seul doit parler.

Votre entrée dans notre famille, Valentine, est le premier rayon de soleil qui luise sur nous, après les larmes et le malheur. Mais je n'y veux pas insister : un tel jour m'invite à écarter de nous les douloureux souvenirs. D'ailleurs la mort, en fauchant notre famille, a serré les liens des deux frères restés debout.

Quand mon frère m'écrivit ces simples et sublimes paroles, toujours les mêmes, toujours nouvelles : « J'aime Mlle Valentine Eiffel », mon cœur déborda d'ivresse. Je savais désormais Camille heureux et, vous connaissant à peine, je me réjouis en mon âme. Je vous vis alors, et tout soudain vous aimai, devinant, devant votre doux visage, la grâce aimante de votre nature. Vous rendez mon frère ravi en extase puisque vous avez bien voulu le choisir. Aussi, moi, votre nouveau frère, moi qui ai l'âme trop haute pour servir d'autres que Dieu, la France et... quelqu'un, je promets désormais d'être votre esclave, vous m'entendez, Valentine, votre esclave. Car je vous dois la félicité de mon frère.

Je suis trop ignorant pour redire la gloire de votre père. Mais mon cœur a su apprécier, monsieur, votre vertu paternelle, patriarcale, biblique. Par lui, ma charmante belle-sœur, par Mme Hénocque, par vos sœurs Mme Salles, Mme Le Grain, vous avez été ornée de toutes vos séductions, de toutes vos qualités.

Eh bien! si accomplie que vous soyez, j'ose dire que mon frère Camille est digne de sa femme. Tu fus un père pour l'orpheline bien-aîmée et mon émotion fut indicible d'apprendre de ta bouche que notre Valentine t'appelait à elle jus-tement pour cette raison.

Et de même la famille où vous entrez, au seuil de laquelle je vous donne la bienvenue, mé-rite votre amour et votre fierté. Elle a traversé les âges vouant — n'est-il pas vrai, Camille? — un culte toujours égal à la Foi et à l'Honneur.

Quand vous irez, Valentine, habiter cette tour ancestrale, où pendant cinq cents ans nos aïeux ont vécu, quand vous contemplerez ces murailles de granit demeurées immaculées autant alors que notre île refoulait les invasions que lorsque dans ses bras nous prit la France... ma France ado-rée... quand vous viendrez à Pino, — soit que votre volonté gentille me fasse vous y suivre, soit que vous préfériez n'y conduire que votre seul mari, — vous entendrez les joyeuses cla-meurs de toute une population non encore oublieuse des bienfaits de mon père...

... Mais ici quel frisson mystique court dans mes veines et quelle vision de l'au delà fait se dresser devant moi les chères ombres! Oh! je n'y résiste pas! Ce chérubin blond que Paris m'a tué et qui, aujourd'hui, pour vous, jouait de la harpe d'or devant les trônes de Dieu et de la Vierge Marie, c'est l'ange blanc que vous êtes qui le remplace! Aussi, inspiré par ma sœur Eugénie, moi, dont la volonté fière ne s'abaisse devant personne, fors le Très-Haut, je fléchis le genou, librement, devant vous, ma sœur nouvelle, et vous jure, en frère, fidélité et dévouement.

Ah! si indigne que je me reconnaisse d'un si redoutable ministère, pour jeune que je sois, — au nom de mon père, au nom de ma mère, au nom de ma sœur, endormis sous le granit et révéillés aux Cieux, — oui, de par nos morts, Valentine et Camille, je vous crie :

Soyez heureux!

Soyez bénis!

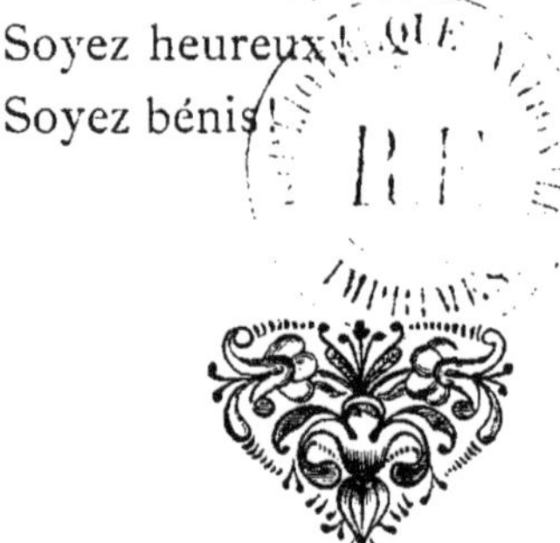

www.ingramcontent.com/pod-product-compliance
Ingram Content Group UK Ltd.
Pitfield, Milton Keynes, MK11 3LW, UK
UKHW031717170726
13836UKWH00001B/301